who?
special

글 비타민

어린이의 꿈과 성장을 응원하는 마음으로 글을 쓰기 시작했습니다. 비타민처럼 작지만 누구에게나 힘이 되는 이야기를 만들기 위해 노력하고 있습니다. 《who? 스페셜 이재명》으로 어린이 독자들과 첫 만남을 시작합니다.

그림 팀키즈

어린이들의 꿈을 소중하게 생각하고, 더욱 좋은 책을 만들기 위해 최선을 다하고 있습니다. 다수의 〈who?〉 시리즈를 작업했고, 그 외에 〈why?〉, 〈브리태니커 만화 백과〉, 〈레이튼 미스터리 탐정사무소〉, 〈초코빅〉, 〈배틀 급식왕〉, 〈흔한남매 세계사 탐험대〉, 〈타키 포오 네버다이 과학 어드벤처〉 시리즈 등을 그렸습니다.

who? special
이재명
LEE JAE MYUNG
글 비타민 | 그림 팀키즈
다산 어린이

존 던컨 John B. Duncan
미국 UCLA 아시아언어문화학부 교수

한국학 분야의 세계적인 석학으로 미국 UCLA 한국학 연구소 소장 및 동 대학의 아시아언어문화학부 교수를 겸직하고 있습니다.

☆ 자신만의 멘토를 만날 수 있는 who? 시리즈

다산어린이의 《who?》 시리즈는 어린이들은 물론 어른들에게도 재미와 감동을 주는 교양 만화입니다. 《who?》 시리즈는 전 세계 인류에 영향력을 끼친 인물들로 구성되었으며 인물들의 삶과 사상을 객관적으로 전해 줍니다.

이처럼 다양한 나라와 분야에서 활약한 위인들의 이야기를 통해 과학, 예술, 정치, 사상에 관한 정보는 물론이고, 나라별 문화와 역사까지 배우게 될 것입니다. 《who?》 시리즈의 가장 큰 장점은 위인들이 그들의 삶에서 겪은 기쁨과 슬픔, 좌절과 시련, 감동을 어린이들이 함께 느낄 수 있다는 것입니다. 어린이들은 이 책을 읽으면서 폭넓은 감수성을 함양하게 됩니다.

《who?》 시리즈의 어린이 독자들이 책 속의 위인들을 통해 자신만의 멘토를 만나 미래의 세계적인 리더로 성장하기를 진심으로 응원합니다.

☆세상을 더 나은 곳으로 만든 사람들의 이야기

에드워드 슐츠 Edward J. Shultz
하와이 주립 대학교 언어학부 교수

하와이 주립 대학교 언어학부 교수인 에드워드 슐츠는 동 대학의 한국학센터 한국학 편집장을 역임한 세계적인 석학입니다.

어린이들은 자라면서 수많은 궁금증을 가지게 됩니다. 그중에서도 “저 사람은 누굴까?”라는 질문은 종종 아이들의 머릿속을 온통 지배해 버리기도 합니다. 다산어린이에서 출간된《who?》시리즈는 그런 궁금증을 해결해 주기 위해 지구촌 다양한 분야의 리더들을 소개하고 있습니다.

《who?》시리즈에 등장하는 인물들은 인종과 성별을 넘어 세상을 더 나은 곳으로 만든 사람들입니다. 어린이들은 이 책에서 디지털 아이콘으로 불리는 스티브 잡스는 물론 니콜라 테슬라와 같은 천재 발명가를 만날 수 있습니다.

책 속 주인공들의 어린 시절 이야기를 통해 기쁨과 슬픔, 도전과 성취감을 함께 맛보고, 그들과 함께 성장하면서 스스로 창조적이고 인류에 도움이 되는 사람이 되겠다는 포부와 자신감을 갖게 될 것입니다.《who?》시리즈 속에서 다채롭고 생동감 넘치는 위인들의 이야기를 만나 보세요.

차 례

이재명

JAEMYUNG

1장

가난한 소년

“

그래, 나도 언젠가는 선생님처럼

훌륭한 사람이 돼서

어려운 사람을 도울 거야.

”

이재명은 경상북도 안동군 예안면 도촌리에 있는 한 산골 마을에서 일곱 남매 중 다섯째로 성장했습니다.
휘이이잉
학교가 멀었던 탓에, 이재명은 매일 아침 일찍 일어나 등교 준비를 해야만 했습니다.
재명아, 얼른 일어나렴! 학교 가야지!
으~ 추워, 학교가 집 바로 옆이면 좋겠다. 매일 한 시간 넘게 걸어가는 거 너무 힘들어.
푸아~

콩!
아얏!

배부른 소리 하기는!
그럴 거면 학교 때려치워!
힝

재명이한테 너무 뭐라고 하지 마라.
애가 얼마나 힘들면 그러겠니.

차아아아
우아~ 뜨거운 물이다!

엄마는 이상하게 재명이만
유독 귀여워한단 말이야.
엄마가 맨날
재명이 편드니까
애가 더 어리광
부리잖아요.
역시 우리 엄마가
최고야!
와락

학교 다녀오겠습니다!
턱
휘이이잉
헉
헉
겨울이라 그런지 더 힘드네.
멈칫
그래도 이 개울만 건너면…!
톡

눈 때문에
조금 미끄러운데…?
조심
조심

미끌
어… 어!

텀벙
아악!

으헝, 엄마…!
학교 가기 너무 힘들어!
부르르르

그러나 학교를 멀리 다니는 것보다 더 힘든 건 배고픔이었습니다. 이재명의 집은 하루 한 끼를 제대로 먹기 힘들 정도로 가난했기 때문입니다.

어쭈,
또 대들지?
그만들 해.

꼬르르륵

우씨~ 너 때문에
나까지 배고프잖아.
버럭
긁적
헤헤.

얘들아, 이럴 게 아니라
우리 송이 캐러 갈래?

송이?

버섯 말이야.
자연산 송이가 얼마나
맛있는데.
그러고 보니
옆집 할머니가 저 뒤
소나무 숲에 가면 송이가
널려 있다고 하셨어.
좋아! 가자!

다다다다

맴~
매앰~

푹푹
쑥쑥

헉헉
이미 누가 와서
다 캤나 봐.
애기 송이도 남은 게 없어.

형, 나 힘들어. 다리도 여기저기 긁혀 따갑고.
만지작
후유~
나도. 이럴 줄 알았으면 그냥 집에 가는 건데. 괜히 배만 더 고파졌네.

찡찡~

얘들아, 이거라도 먹어.
휙

그게 뭔데?
소나무 순이야.

이제 막 돋아난 거라 속껍질과 속살을 먹을 수 있거든.
끄덕
슥

오물오물
배고프니까 이것도 맛있다.

집안 형편이 어려웠기에 학교 생활도 쉽지 않았습니다.
철썩! 철썩!

이게 도대체 몇 번째야! 그깟 보리 한 되 가져오는 게 그리 어려워?
부르르르

다음에도 안 가져오면 두 배로 맞을 줄 알아!

들어가!
꾸벅

참, 미술 시간인데
미술 도구는
가져왔겠지?
멈칫

미술 도구도 안 가져왔어?
당장 화장실 청소하러 가!
급훈
척

이재명은 준비물을 살 돈이 없어 회초리를 맞는 일이 다반사였고, 때로는 화장실 청소까지 해야 했습니다.
휘이잉

두둥~

덜컹

으악!
후다다닥
웩~ 냄새!
토할 거 같아.
우웩~
뭐 좋은 방법이
없을까?
휙
휙
그래,
이렇게라도…!
왱
왱

후유~
간신히 끝냈네.
재명아,
화장실 청소는
다 했냐?
우리는 오늘
풍경화 그렸는데.
그럼 우린 간다.
똥 치우느라 고생이 많다.
삐죽

우리 집은
왜 이리 가난한 걸까?
나도 부잣집에서
태어났으면 좋았을 텐데….

탁탁탁탁

덜컹
엄마! 나도 미술 도구…!

오빠, 엄마 없는데?
멈칫

옆집 밭일하시나?
후다다닥

여기도 없네. 어디 가셨지?
썰렁~

두리번
곧 해 떨어질 것 같은데….

탁탁
아…!
울컥

척
어, 엄마….

재명아, 날도 어두워지는데
여긴 어떻게 왔니?
엄마한테 무슨 할 말 있어?
아, 아뇨!

엄마, 이리 주세요.
이건 제가 질게요.
덥석

아이고~
우리 재명이 고맙네.
이렇게 마중까지 와서
엄마를 도와주고!

엄마, 조금만 기다려 주세요.
제가 나중에 돈 많이 벌어서
엄마 호강시켜 드릴게요!
정말?

고맙다. 재명아.
엄마는 재명이가
그런 말 해 주는
것만으로도 행복해.

가난한 형편 속에서도, 이재명은 어머니의 사랑 덕분에 삐뚤어지지 않고 바르게 자라날 수 있었습니다.
헤헤

이재명의 어머니는 남의 밭일을 비롯해 온갖 궂은일을 하며 자식들을 정성껏 키웠습니다. 반면 이재명의 아버지는 이재명이 초등학교 3학년이 되던 해 첫째 형과 고향을 떠난 뒤 좀처럼 얼굴을 볼 수 없었습니다.

재명아,
아버지 너무 원망하지 마.
아버지도 가족들을 위해
노력하고 계신 거야.
토닥
단지 지금 일이
안 풀려서 고생하는 거니
네가 조금만 이해해 주렴.
곧 좋은 날이 올 거야.

토닥
토닥
저도 알아요. 그래도
아빠가 있었으면 엄마가 이렇게까지
고생하지 않아도 되잖아요….

그렇게 시간이 흐르고, 이재명은 어느덧 초등학교 5학년이 되었습니다.

도란
도란

어, 선생님?

어! 재명아!
후다닥
선생님이 여기까지 어쩐 일이세요?

안 그래도 너희 집에 가는 길이었는데 마침 잘 만났구나.
저희 집이요?

네?
수학여행이요?
깜짝

네, 모르셨던 모양이군요.
재명이가 수학여행을
안 가겠다고 해서 말이죠.

재, 재명아!
휙
어차피 얘기해 봐야
엄마만 속상하실 것 같아서
그냥 안 가겠다고 말씀드렸어요.
버럭
재명이 너!

어머님.
너무 나무라지는
마십시오.
죄, 죄송합니다.
이게 다 제가 부족해서….
아유~ 아닙니다.
집안 형편이야
좋을 때도 있고 나쁠 때도
있는 거죠!
재명이가 나쁜 마음으로
그런 게 아니라
어머님을 생각해서
그런 거 같네요.

그래도 담임으로서
일생에 한 번뿐인 수학여행에
재명이만 빠진다는 게
마음에 걸리네요.

어머님께서 동의만 해 주시면
제가 비용은 어떻게 해서든지
해결해 보겠습니다.
꾸벅
감사합니다,
선생님, 정말 감사합니다.

얼마 뒤, 담임 선생님으로부터 사정을 들은 교장 선생님은 이재명을 비롯한 같은 처지의 아이들 세 명을 따로 불러 모았습니다.
빙긋
여러분, 담임 선생님으로부터 수학여행을 가기 힘든 사정이 있다는 얘기를 들었어요.
그런데 마침 학교에 일손이 필요해서요. 여러분이 학교 일을 도와준다면 제가 여행 경비를 마련해 보도록 하죠.
우리가 부담을 느낄까 봐 이러시는 거구나….
자, 처음으로 할 일은 여기 보리밭을 가꾸는 일인데, 할 수 있겠어요?
슥
이 정도쯤이야….
쓱쓱

그렇게 수학여행을 떠나게 된 이재명은 경주에서 생전 처음으로 행복한 경험들을 할 수 있었습니다.
하하
깔깔

하지만 어린 이재명에게 무엇보다 가장 값진 경험은 담임 선생님과 교장 선생님의 배려였습니다.
찰칵

담임 선생님이랑 교장 선생님이 아니었으면 이렇게 좋은 경험을 하지 못했을 거야.

씨익
그래, 나도 언젠가는 선생님처럼 훌륭한 사람이 돼서 어려운 사람을 도울 거야.

통합 지식 플러스 ①

평등과 공정의 **정치인 이재명**

가난한 소년공에서
대한민국을 이끄는 정치 리더가 된 이재명.
그는 어떤 사람인지 함께 알아볼까요?

하나 이재명은 누구인가요?

이재명은 대한민국의 정치인이에요. 어렸을 때 그는 가난 때문에 학교 대신 공장으로 향해야 했어요. 하지만 포기하지 않고 열심히 공부해 힘없는 사람들을 돕는 인권 변호사가 되었지요. 이후 더 나은 세상을 만들겠다는 생각으로 정치에 뛰어들었고, 성남시장과 경기도지사를 거쳐 대한민국의 제21대 대통령이 되었어요.

경기도지사 시절의 이재명

둘 이재명의 가치관

이재명은 평등과 공정을 매우 중요하게 생각해요. 어려운 어린 시절을 보낸 그는 자신의 경험을 바탕으로 경제적 어려움이 없는 사회, 모두가 공정한 기회를 얻는 사회를 만들고자 노력하고 있어요. 학생들에게 교복을 무료로 제공하는 무상 교복 정책 등에서 그의 정치 철학이 잘 드러나 있지요.

또한 이재명은 실용적인 정책을 중요하게 여겨요. 현실과 동떨어진 정책이 아닌, 국민들의 생활에 실제로 도움이 되는 정책을 만들기 위해 노력하고 있지요. 그래서 청년 배당, 산후조리 지원 정책을 시행해 청년과 산모에게 지원금을 주기도 했어요.

3대 무상 복지 정책을 발표하는 이재명

셋 이재명의 성공 요인

이재명이 어려운 환경 속에서도 성공할 수 있었던 가장 큰 이유는 끈기와 노력이에요. 그는 가난 때문에 초등학교를 졸업한 뒤 곧바로 공장에서 일을 해야 했어요. 심지어 기계에 팔이 끼이는 사고를 당해 장애를 얻기도 했지요. 하지만 포기하지 않고 열심히 공부해 검정고시로 고등학교 과정까지 마치고 대학교에 장학생으로 입학했어요. 이후 사법고시에도 합격해 인권 변호사로 활약했지요.

정치에 뛰어든 후에는 성남시장과 국회 의원 선거에서 연이어 떨어지는 어려움을 겪기도 했어요. 하지만 낙담하지 않고 계속 도전했지요. 이런 끈기와 노력이 그를 대한민국을 이끄는 정치 리더로 우뚝 서게 해 주었어요.

이재명이 가진 소통 능력 또한 성공의 중요한 요인으로 꼽혀요. 그는 국민과의 소통을 항상 중요하게 생각했어요. 그래서 성남시장 시절에는 시장실을 개방해 시민들이 언제든지 찾아와 고충을 털어놓을 수 있도록 했어요. 또 SNS를 적극적으로 활용해 시민들의 의견을 듣고, 자신의 정책과 정치 철학을 알리고, 민원을 바로 처리했지요. 이러한 노력 덕분에 그는 많은 시민들의 사랑과 지지를 받을 수 있었어요.

SNS를 통해 시민들과 끊임없이 소통하는 이재명

JAEMYUNG

2장

책을 든 소년공

“

내 인생을 바꿀 마지막 기회야!

반드시 해내고 말겠어!

”

이재명은 초등학교를 졸업하자마자 경기도 성남으로 이사를 갔습니다. 고향을 떠났던 아버지가 가족들을 불러 모았기 때문입니다.

이 길만 올라가면
도착이란다.
터덜
터덜

뭐야, 서울이 뭐 이래?
시골이랑 똑같잖아.
두둥

바보, 여긴 서울이 아니라
경기도 성남이야.

하하, 그래도
서울이랑
그리 멀진 않아.
형!

재명아!
아버지께서 찾으신다.

무슨 일로 부르셨을까…?
혹시 중학교 보내 주시려고?
흠흠
12

재명이 너도 이젠 집안 살림에
보탬이 되는 일을 좀 해야겠다.
네?

여기에
공장이 많으니
앞으로 공장에서
일을 하거라.
그럼
학교는…?

성남으로 이사를 했지만, 이재명네 형편은 전과 다를 바가 없었습니다. 이재명은 중학교 진학은 꿈도 꾸지 못한 채 아버지가 시키는 대로 공장에서 일을 해야만 했습니다.

며칠 동안 늦게까지
일을 했더니
안 아픈 곳이 없네….
욱씬
욱씬
이렇게 일한다고
돈을 많이 버는 것도 아닌데…
계속 공장에 다녀야 할까?

멈칫

화장실
유료 화장실
소변 10원
대변 20원
어, 엄마?

아줌마!
화장실 안이 오물 투성이야.
돈 내고 쓰는 화장실이
이렇게 더러워도 돼?
척
아이고, 죄송해요.
얼른 치우겠습니다.

허겁
지겁
유료 화장실
소변 10원
대변 20원

엄마….
철퍽
그래, 난 괜찮아.
기왕 일하기로 한 거
열심히 해서
엄마 호강시켜 드리자!

하지만 공장 생활은 생각 이상으로 힘들었습니다. 더 많은 돈을 벌 수 있다고 해서 간 목걸이 공장에서는 오히려 월급을 떼이기도 했고,
오늘은 밀린 월급을 주겠지?
사장이 도망갔대! 월급 받긴 다 틀렸어!
정신들 안 차리지? 그러다 사고 나면 책임질 거야?
반장
퍽
퍽
냉장고를 만드는 공장에서는 매일 몽둥이로 맞아 가며 일을 해야 했습니다.

하지만 이보다 힘든 것은 또래 아이들을 마주치는 일이었습니다.
하하하
멈칫
복덕방

!
호호
하하
교복이 멋있네.
다들 학교 가는 길인가?

부러워.
나도 학교에 갈 수 있으면
얼마나 좋을까?

안 돼!
쩌렁
쩌렁
쓸데없는 소리!
학교는 무슨!
버럭
아버지, 그러지 말고
허락해 주세요.
야간 학교라도 들어갈래요.
그런 소리 할 시간에
일해서 한 푼이라도
더 벌 생각을 해!
씩
씩
정말 너무해.
나도 다른 애들처럼
평범하게 공부하고 싶은데.
왜 세상은
공평하지 않은 거지?

그러던 어느 날….
대양실업
덜컹 덜컹

왜 이렇게
피곤하지…?
쿵~

이러다 오늘 작업량을
다 못 채우겠어.
정신 차리고 서두르자.
부릅

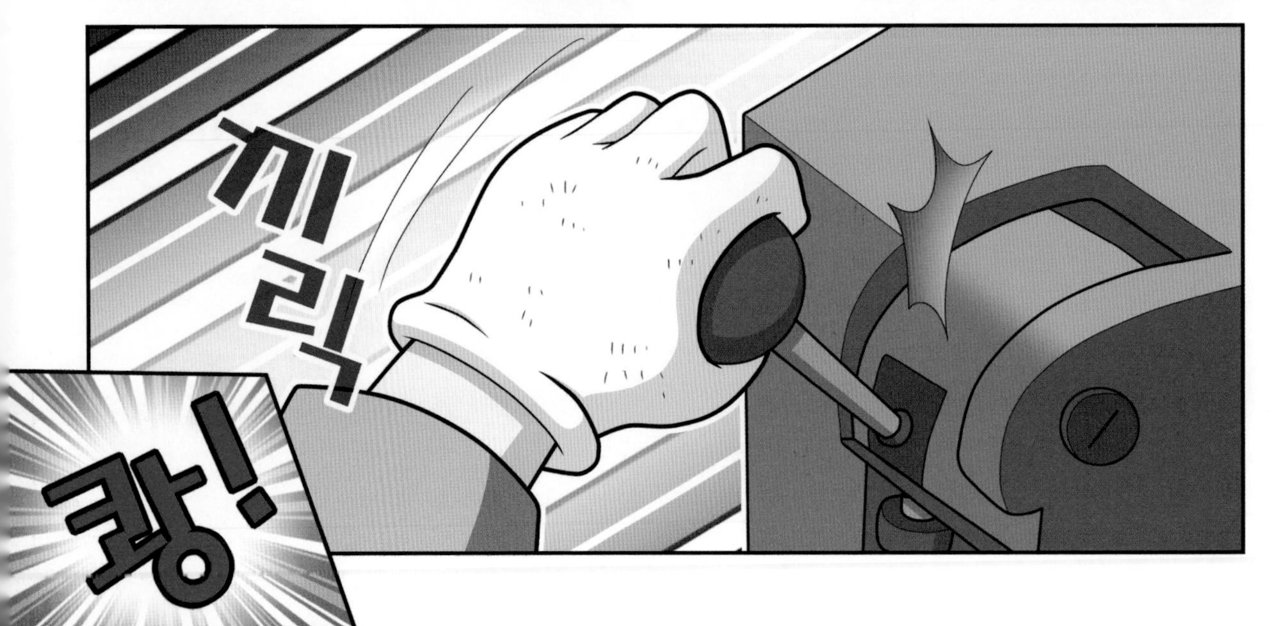
끼리릭
쾅!

하지만 이 사고로 이재명은 평생 장애를 안고 살아가게 되었습니다.

며칠 뒤
대양실업
손은 좀 어때?
그럭저럭 괜찮아요.
아프다고 하면
꾀병을 부린다고
쫓겨날 수도 있어.
그만하길
다행이라고 생각해.
여기서 일하다 몸 망가진
사람이 한둘이 아니야.
후유~

?
건들
건들

그런데 저 사람은
어떻게 저렇게 점심시간에
자유롭게 밖에 나갈 수 있어요?
반장들도 저 사람한테는
꼼짝을 못 하던데.
아~! 개구리눈
홍 대리
말하는 거지?

고등학교를
졸업했잖아.
네?

여긴 중학교를
졸업한 사람도 거의 없으니
고등학교를 졸업한 홍 대리가
얼마나 대단해 보이겠어.
씨익
아….

그래,
고등학교 졸업장을 따야겠어.
그러면 이렇게
살지 않아도 될 거야.

목표가 생긴 이재명은 검정고시 학원을 다니기 위해 아버지를
조르고 졸랐습니다.
아버지, 제발 허락해 주세요. 학교는 못 다니더라도 고등학교 졸업장은 따고 싶어요.
….

그래. 한번 해 봐라.
!

결국 검정고시 학원에 다니게 된 이재명은 퇴근 후 곧장 학원으로
달려갔다가 통금 시간이 다 되어서야 집에 돌아왔습니다.
학원 시작까지 얼마 안 남았어.
탁
탁
탁

하나라도 더 봐야 해.
슥슥
쿨쿨
우리 재명이, 많이 피곤한가 보네.

그 결과….
엄마!

저 중졸 검정고시에 합격했어요!
전 과목 평균이
70점을 넘었다고요!
합격증서
후다닥

아이고 잘했다. 내 새끼!
엄마가 항상 말했지.
넌 큰 사람이 될 거야!
와락
이제 고졸 검정고시만
합격하면 돼!

하지만 상황은 여의치 않았습니다. 다시 아버지의 반대에 부딪혔기 때문입니다.
휴, 고졸 검정고시는 그냥 포기해야 하나….
읏쌰~

그러던 어느 날….
자, 신입들은 이쪽으로!
오리엔트
이제까지 다녔던 공장 중에 가장 크긴 한데… 여기도 똑같겠지?
어?
심정운 맞지? 검정고시 학원 같이 다닌…!
재명아! 너도 이 회사 들어온 거야?

이재명은 다시 한번 아버지를 설득해 학원에 등록하고, 모두가 기피하는 도금실에 자원하며 공부를 이어 나갔습니다.

물론 도중에 아버지 때문에 다시 한번 공부를 포기할 뻔한 적도 있었습니다.

학원 원장 선생님 덕분에 희망을 얻은 이재명은 다시 한번 마음을 다잡고 공부에 매진했습니다.

시험 한 달 반 전부터는 합격을 위해 공장까지 그만두고 악착같이 공부에 매달렸습니다. 그 결과….

고졸 검정고시에도 단번에 합격하는 성과를 거두었습니다.
하하하하

좋아.
이제 다음 목표는
대학이야!
보란 듯이
좋은 대학에 들어가
새로운 인생을
펼칠 거야!
불끈

하지만 대학으로 가는 길은 쉽지 않았습니다. 아버지가 대입 학원에 가는 것을 강력하게 반대했기 때문입니다.
아버지, 저 이제 대학교에 가고 싶어요. 그러려면 대입 학원에 등록해야….

쓸데없는 소리 말고 학원 없이 갈 수 있는 야간 전문 대학이나 알아봐!

이재명이 공장에 빨리 취업하지 않자, 온종일 청소 일에 데리고 다녔습니다.
빨리 일어나!
덜컹
덜컹
공장에서 다친 후 제때 치료를 받지 못해 굽어져 버린 팔도 이재명을 괴롭게 했습니다.
움직일 때마다 팔이 너무 아파.
삐끗
게다가, 나라에서는 과외를 하지 못하도록 하는 '과외 금지령'까지 선포했습니다.
MBS
정부에서는 과외를 금지하기로….
과외가 금지된다고? 그럼 등록금은 어떻게 벌지?

이런 몸으로 일하는 것도 쉽지 않은데
등록금을 낼 방법조차 없어지다니….
…재명이 저러다
평생 팔을 못 쓰게 되면
어쩝니까?
지가 돈 벌어서
수술하면 되지.
집 산다고
모은 돈 있잖아요.
그걸로 수술부터
시킵시다.
그 돈은
아무도 손 못 대.
지금껏 꿈을 위해
아등바등 열심히 살았지만,
아무 소용없는 일이었어….
주르륵

결국 이재명은 모든 걸 포기하고 공장으로 다시 돌아갔습니다.
그래, 그냥 돈이나 벌자.
이게 내 운명이야.
끄응

그렇게 시간이 흐르던 어느 날, 한 줄기 빛이 보이기 시작했습니다.
째앵

재명아!
재명아!
헉헉
무슨 일이야?
왜 이렇게 급해?

뉴, 뉴스 봤어?
특별 장학금 뉴스 말이야!
헉헉
특별 장학금?

그래, 나라에서
성적이 좋은 대학생들에게
특별 장학금을 주라고 지시했대!

등록금 면제에
생활비까지 주는 거래!
반짝
그게 정말이야?!

시험만 잘 보면
돈이 없어도 대학에 다닐 수
있다는 거잖아!
씨익
이건 하늘이 준 기회야.
이재명은 이 일을 내세워 다시 한번 아버지를 설득했습니다.

아버지, 마지막으로
기회를 주세요. 좋은 성적으로
대학에 입학해 장학금을
꼭 받겠습니다.
….

그래, 공장을 다니면서
공부한다면 학원에
다녀도 좋다.
저, 정말이요?

남은 시간은 8개월이야.
남들이 3년간 준비한 걸
나는 8개월 만에 뛰어넘어야 해.
내 인생을 바꿀
마지막 기회야!
반드시 해내고 말겠어!
슥슥

꾸벅
꾸벅

번쩍
앗!
깜빡 졸았네.

톡
좋아. 이렇게 하면
압정에 찔리기 싫어서라도
정신을 차릴 거야.

그리고 마침내 운명의 대입 학력고사 결과가 발표됐습니다.

축하해, 재명아! 이 성적이면 어느 대학이든 다 갈 수 있겠는데?
제일 좋은 대학에 가고 싶지만, 우리 집 형편도 있으니 나한테 유리한 대학을 잘 알아보려고.
으쓱

결국 이재명은 가장 좋은 조건의 장학금을 받을 수 있는 중앙대학교를 선택했습니다.

엄마! 저 오늘부터 중앙대 법대생이에요. 3학년까지 등록금도 면제받고 매달 20만 원씩 생활비도 지원받아요!
그게 정말이니!
엄마가 그랬지. 너는 크게 될 녀석이라고. 장하다, 내 새끼!
꼬옥

통합 지식 플러스②

산업화와 **어린이 노동**

우리나라 경제는 산업화를 거치며
빠르게 성장했어요. 하지만 그 이면에는
열악한 환경 속에서 일했던
어린 노동자들의 희생이 있었지요.
왜 어린아이들은 학교에 가는 대신
공장에서 일을 해야 했을까요?

하나 공장 노동자의 등장

산업화는 농사를 주로 짓던 사회에서 공장에서 물건을 만드는 산업 중심의 사회로 바뀌는 과정을 말해요. 우리나라는 1960~1970년대에 산업화를 거치며 빠르게 발전했어요. 도시 곳곳에 공장이 세워지고, 병원이나 은행, 우체국 같은 시설도 점점 많아졌어요. 공장이 늘어나면서 일할 사람이 많이 필요해졌고, 가정 형편이 어려운 사람들은 생계를 위해 공장으로 몰려들었어요. 그중에는 돈을 벌기 위해 학업을 포기하고 공장을 찾는 어린아이들도 있었지요. 이들 중 남자아이들은 '소년공', 여자아이들은 '소녀공' 또는 성인 여성 노동자들과 함께 '여공'이라 불렸어요.

한 공장의 내부 모습

둘 열악한 공장 생활

공장 주인들은 손이 작고 빨라 공장 일에 알맞으면서도 성인보다 적은 돈으로 부릴 수 있는 어린 노동자들을 많이 고용했어요. 하지만 이들의 일터는 매우 힘들고 위험했어요. 대부분 아침 일찍부터 밤늦게까지 일

해야 했고 제대로 된 휴식 시간이나 식사를 보장받지 못하는 경우도 많았어요.
또 어린아이들은 손이 작고 민첩하다는 이유로 기계를 다루거나 작은 부품을 조립하는 일을 자주 맡게 되었어요. 하지만 안전장치가 제대로 갖춰져 있지 않거나 보호 장비 없이 일하는 경우가 많아, 기계에 손을 다치거나 유해 물질에 노출되어 병을 얻기 일쑤였어요. 게다가 공장에는 먼지가 가득해 호흡기 질환에 걸리는 아이들도 많았지요.

셋 금지된 어린이 노동

1980년대가 지나면서 우리나라는 점점 잘살게 되었어요. 예전처럼 아이들이 일을 하며 가족의 생계를 돕는 가정도 점차 줄어들었지요. 무엇보다 시간이 지나면서, 어린이는 일을 하며 돈을 버는 것이 아니라 공부하고 놀며 건강하게 자라야 한다는 인식이 사회 전반에 퍼졌어요. 이에 따라 정부는 어린이의 인권을 보호하고 교육받을 권리를 보장하기 위해 법을 점차 강화해 나갔지요.
현재 우리나라에서는 15세 미만 아이들과, 중학교에 다니는 18세 미만 아이들은 일을 할 수 없도록 금지하고 있어요. 15세 이상이 되어 일을 하더라도 성인이 되기 전까지는 일하는 시간을 제한하고, 보다 안전한 환경에서 일할 수 있도록 하고 있지요. 또 모든 아이들은 중학교까지 반드시 다닐 수 있도록 의무 교육 제도도 실시하고 있답니다. 덕분에 오늘날 아이들은 법의 보호 아래 더 건강하고 행복하게 자라날 수 있게 되었어요.

넷 세계의 어린이 노동

지금도 세계 곳곳에서는 많은 어린이가 가난 때문에 일터로 향하고 있어요. 이들은 공장이나 광산, 농장에서 일하거나, 거리에서 물건을 팔기도 하지요. 국제기구들은 아이들이 보다 건강하고 행복하게 자랄 수 있도록 어린이 노동을 줄이기 위해 힘쓰고 있어요. 하지만 아직 많은 아이들이 어려운 환경에 놓여 있기 때문에, 우리 모두가 지속적으로 관심을 가지는 게 중요해요.

벽돌 공장에서 일하는 어린이 노동자

JAEMYUNG

3장

인권 변호사를 꿈꾸다

그래, 사법 고시에 합격해
변호사가 되자.
어렵고 힘든 사람들에게
빛이 되어 주는 거야!

등록금뿐만 아니라 생활비까지 지원받게 된 이재명은 그 어느 때보다 여유로운 나날을 보낼 수 있게 되었습니다.

서류 작성해서 제출해 주세요.

네.

이 돈을 어떻게 하면 가치 있게 쓸 수 있을까?

가장 먼저 이재명은 어렵게 대입 시험을 준비하던 형 이재선을 돕기로 했습니다.

형, 내가 학원비를 지원할게.

재, 재명아.

형, 받아 줘. 형은 돈 걱정 없이 맘껏 공부했으면 좋겠어.

고맙다….

또 첫 여름 방학을 맞아 함께 중앙대에 입학한 친구 심정운과 여행을 떠나기도 했습니다.

정운아, 이번 방학 때 여행 가 보는 게 어때? 넓은 세상을 보고 오자고!

좋아!

이게 행복이구나…!

물론 공부도 게을리하지 않았습니다. 이재명에게 또 다른 꿈이 생겼기 때문입니다.

하지만 마음 편히 공부만 하기에는 당시 사회가 무척이나 어지러웠습니다.
늦었네. 얼른
다음 수업 가야겠다.

위이이잉
응?
무슨 소리지?

광주 학살의 원흉
전두환을 처단하고
군부 독재를 타도하자!
노동 운동 탄압을
중지하라!
와아!!
와!
군부독재 타도!
독재 타도
독재 정권
물러나라
우르르르

시위?
무슨 시위지?
와!

잡아!
타닷

타도!
독재정권물러
퍽
퍽
으윽!
악!

끌고 가!
척

쿵!!
이게 다 무슨 일이지?

뭐?!
그게 사실이야?

그래, 이제까지 우린 정부에 속아 온 거야.
광주에서 벌어진 일들은 폭동이 아니라 학살이었어!

휙
광주에서 벌어진 일들이
폭동이 아니었다니….

게다가 수많은 노동자들이
탄압받기까지 했다니….
우우
모두 누군가의 가족이고
친구였을 텐데
난 그런 사실도 모르고 있었다니
너무 창피하고 분해.
크흑

이재명은 이 일을 계기로 다시 한번 변호사가 되어야겠다고 다짐했습니다.
영진아, 내가 지금은 적극적으로 함께할 수 없지만 이거 하나는 약속할게.

사법 고시에 붙은 다음 변호사가 되어 너희들과 함께할게. 그땐 의로운 사람들의 편에 서서 싸우겠어.

좋아, 지금은 각자의 자리에서 최선을 다하자.
슥

약속한 거다, 재명아.
그래, 영진아!
꼬옥

이재명은 대학교 2학년부터 본격적으로 사법 고시를 준비했습니다.
영진이와의 약속을 지키려면 반드시 합격해야 해!

그리고 열심히 노력한 끝에 3학년 때 1차 시험에 합격할 수 있었습니다.
합격자 명단
휴, 다행이다. 2차 준비만 잘하면 되겠어.

하지만 이재명은 2차 시험을 앞두고 쉽게 집중을 하지 못했습니다. 2차 시험에 대한 부담도 있었지만, 학생 운동에 열중하는 친구들이 마음에 걸렸기 때문입니다.
오늘은 거의 공부를 하지 못했네. 내가 왜 이러지….

퍼엉
펑
헉!

게다가 경제적인 부분도 큰 부담으로 다가왔습니다. 당시 졸업을 앞둔 이재명은 학교에서 주던 장학금도 거의 바닥이 나 둘째 형이 주는 용돈으로 생활하고 있었기 때문입니다.

이제 이 돈도
얼마 남지 않았어.
이번 시험에서
반드시 합격해야 하는데….

결국 이재명은 2차 시험에서 떨어지고 말았습니다.

휘이이잉
다시 1차 시험부터
준비해야 한다니 막막하다.
이제 학교에서 장학금도
받기 어려운데….
게다가 곧 군대에도
가야 할 텐데….
다행히 왼쪽 팔의 장애로 인해 군대를 면제받을 수 있게 되었습니다.
이거 상태가
너무 안 좋은데.
깜짝

몸 상태가 안 좋은 걸
슬퍼해야 할지, 면제를 받아서
기뻐해야 할지 모르겠네.

어쨌든 이걸로
군대 문제는 해결됐어.
남은 건 돈 문제인데….

재명이
잠깐 나와 봐라.
휙

아버지, 무슨
하실 말씀 있으세요?
삐걱
별건 아니고.

이거 청소 일 해서
모든 돈인데
너 공부하는 데
보태라.
그리고 머리 좀
식히고 싶으면
고향에 가서
옛날 친구들 만나고
오든지.
쓱
네?!

휙
그럼 간다.
다음 시험은
꼭 붙어라.
멈칫

터벅
터벅

뭐지?
옛날엔 공부하는 걸
돈 낭비라며
그렇게 반대를 하시더니….
생각해 보면 아버지는
나에게 모질게 굴지언정
가장으로서 책임을 한 번도
저버린 적이 없으셨어.
비가 오나 눈이 오나
매일 성실하게 일하셨고,
그렇게 번 돈은
결코 함부로 쓰지 않으셨지.

게다가 아버지가 언제나
화를 내기만 했던 것도 아니야.
공부 열심히 하라는 격려를 해 준 적은
없지만 좋은 성적표를 들고 갔을 때
몰래 환한 웃음을 지어 보이셨지.

씨익

청소부 생활을 하시면서
우리 남매들이 읽으면 좋을 만한 책들과
영어 회화 카세트테이프도
종종 주워 오시곤 하셨어.

그래, 이제는 알 거 같다.
아버지는 날 사랑하지 않은 게 아니라
표현에 서툴렀을 뿐이야.

아버지….

이재명은 고향에 다녀온 뒤 마음을 다잡았고, 형 이재선을 비롯한 가족들까지 쌈짓돈을 모아 준 덕분에 경제적인 문제도 해결할 수 있었습니다.

그런데 이재명이 대학 졸업식에서 아버지에게 학사 모를 씌워 드린 지 얼마 지나지 않았을 무렵….

이재명의 아버지가 위암 판정을 받게 되었습니다.
재명아, 의사들 말이 아무래도 아버지가 얼마 살지 못하실 것 같다는구나.
네?!

그렇게 평생 고생만 하시던 아버지가….

슥슥
아버지를 생각해서라도 더 열심히 공부해야 해. 돌아가시기 전에 반드시 합격한 모습을 보여 드리겠어.

그 결과 이재명은 마침내 1986년 사법 고시 1차 시험과 2차 시험에 연이어 합격하는 성공을 이뤄 냈습니다.
웅성
웅성
해냈다!
아버지…
저 사법 고시
최종 합격했어요.
합격이라고요!

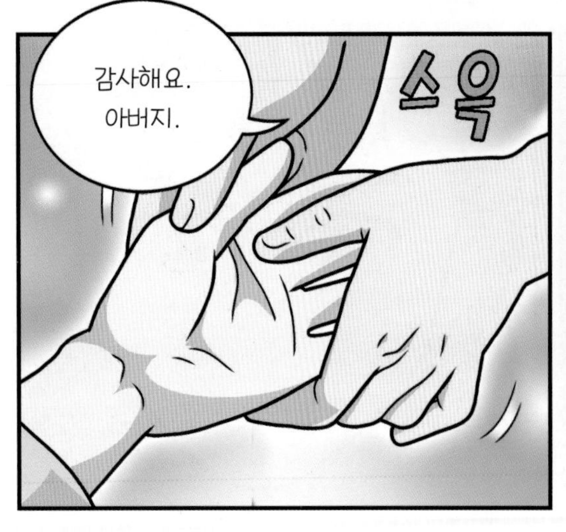
감사해요.
아버지.
스윽

주륵

얼마 뒤 이재명의 아버지는 세상을 떠났습니다.

그리고 1987년 3월, 이재명은 2년간의 사법 연수원 과정에 들어갔습니다.

통합 지식 플러스③ ▼

학교 밖 **배움의 길**

학교에 다니지 않아도
배움을 이어 갈 수 있는 방법이 있어요.
바로 검정고시예요.
검정고시가 무엇인지,
어떤 의미가 있는지 함께 알아볼까요?

하나 검정고시란?

검정고시는 학교에 다니지 않거나 중간에 그만둔 사람이 학교를 졸업한 것과 같은 자격을 얻을 수 있도록 나라에서 치르는 시험이에요. 우리나라에는 초등학교, 중학교, 고등학교 졸업 자격을 얻을 수 있는 검정고시가 있어요.

초등학교를 졸업하지 못한 사람은 '초등학교 졸업 학력 검정고시'를, 중학교를 졸업하지 못한 사람은 '중학교 졸업 학력 검정고시'를, 고등학교를 졸업하지 못한 사람은 '고등학교 졸업 학력 검정고시'를 볼 수 있어요. 검정고시에 합격하면 정식으로 학교를 졸업한 것과 같은 자격을 얻고, 다음 단계의 학교에 진학할 수 있어요. 시험은 1년에 두 번, 보통 4월과 8월에 열려요. 국어, 수학, 사회 등 6~7개 과목을 시험 보고, 모든 과목의 평균 점수가 100점 만점에 60점 이상이어야 합격할 수 있어요.

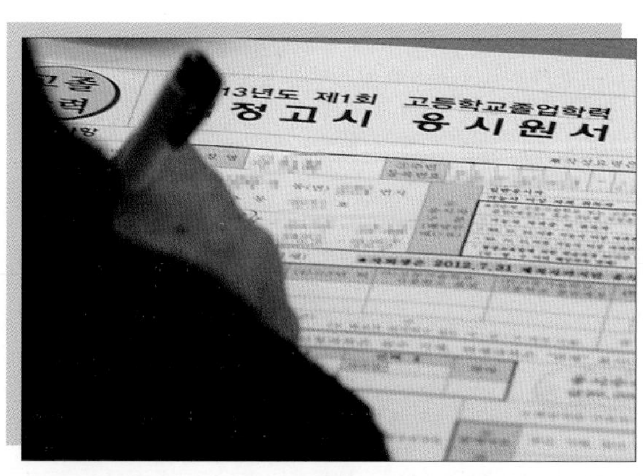

검정고시 응시 원서를 작성하는 지원자

둘 검정고시의 의미

건강이 좋지 않아 학교에 다니기 어려운 사람, 가정 형

편이 어려워 돈을 벌기 위해 학업을 중단한 사람, 학교를 다니지 않고 스스로 공부한 사람 등 많은 사람이 다양한 이유로 검정고시에 응시해요.

검정고시는 교육 기회의 평등을 실현하는 소중한 제도예요. 학교에 다니지 못했거나 다른 방법으로 배우고 싶은 사람들에게도 교육의 기회를 주기 때문이에요.

또한 검정고시는 다양성을 존중하는 제도이기도 해요. 모두가 똑같은 방법으로 배우지 않아도 된다는 점을 인정하기 때문이에요. 다양한 학습 방법을 인정하고 존중하는 것이 검정고시의 가장 중요한 가치랍니다.

셋 다양한 배움의 길

검정고시처럼 학교 밖에서 배움을 이어 갈 수 있는 방법에는 어떤 것들이 있을까요? 먼저 '대안학교'라는 특별한 학교가 있어요. 대안학교는 기존 학교처럼 정해진 시간표와 교과서대로 운영되지 않고, 자유롭게 프로그램을 만들어 운영하는 학교예요. 예술 활동을 중심으로 하는 '예술 대안학교', 자연 속에서 배우는 '농촌 대안학교' 등 다양한 학교가 있어서, 학생들은 자신의 흥미에 맞는 학교를 선택해 다닐 수 있어요.

또 '홈스쿨링'을 통해 학교에 다니지 않고 집이나 다른 공간에서 공부할 수도 있어요. 주로 부모님이나 개인 선생님과 함께 공부하거나 온라인 강의를 듣는데, 자신에게 맞는 방식과 속도로 배울 수 있다는 게 장점이에요. 그 밖에도 학습 동아리에 가입하거나, 도서관이나 청소년 센터에서 운영하는 학습 프로그램에 참여하는 방법도 있지요.

중요한 것은 배움의 길은 한 가지가 아니라는 거예요. 각 방법의 장단점을 잘 생각해 보고, 자신에게 가장 잘 맞는 방법을 찾는 것이 중요하답니다.

'대안학교 한마당 축제'에 전시되어 있는 대안학교 학생들의 창작물

JAEMYUNG

4강

약자를 위해 싸우다

"

나는 돈보다는

사람을 위해 일하겠어.

이익을 위해 움직이지 않고

정의를 위해서 움직일 거야.

"

이재명이 사법 연수원 생활을 시작한 1987년은 대한민국에 민주화 열풍이 거세게 불던 시기였습니다.

와아~!!

박종철을 살려 내라

독재 정권 물러나라

고문 없는 세상

광주 학살을 벌인 전두환 대통령은 정권 교체 시기가 가까워지자 다시 권력을 잡기 위해 눈에 거슬리는 사람들을 온갖 이유를 붙여 잡아들였는데, 그 과정에서 대학생 한 명이 고문을 당해 목숨을 잃었기 때문입니다.

정부는 이 사실을 숨기려고 했지만, 결국 진실이 세상에 널리 알려졌습니다.

이를 알고 분노한 이재명은 사법 연수원 동기들과 함께 맹렬히 시위에 참여했습니다.
와아!
와!
독재 정권
물러나라!

펑
펑

콜록
콜록

결국 기나긴 항쟁 끝에 '대통령 직선제'가 도입되어 국민들이 직접 투표를 통해 대통령을 뽑을 수 있게 되었습니다.
우리가 승리했다!
와~!!
드디어 우리 손으로 대통령을 뽑을 수 있게 되었어!

그러나 새로 들어선 노태우 정부는 여전히 전두환 정권 하에 있던 인물을 대법원장으로 내세우려 했습니다.
쿵!!
뭐? 기껏 투표해서 대통령 뽑았더니 독재 정권에 있었던 인물을 대법원장으로 세운다고?

이를 두고 볼 수 없었던 이재명은 사법 연수원 동기들을 불러 모았습니다.
법조인으로서 이 상황을 가만히 지켜볼 수는 없어. 연수생들의 서명을 받아 반대 성명을 내자.
좋아. 우리가 힘을 모은다면 할 수 있을 거야.

하지만 지금 연수생들이 각지에 흩어져 있어서 서명을 받기 힘들 텐데….
그리고 정치적인 행동을 하다간 연수생 자격 박탈은 물론 형사 처벌까지 받을 수 있어.
여관
물론 위험할 수 있어. 하지만 우리가 모른 척한다면 다시 독재 정권이 들어설 거야. 무조건 막아야 해.

그렇게 이재명은 위험을 무릅쓰고 사법 연수원 동기들과 함께 연수생 185명의 서명을 받아 대법원장 임명에 반대하는 성명서를 발표했습니다.

이후 이재명은 뜻이 맞는 동기들과 함께 노동법학회를 만들어 공부를 하고 상담 봉사 활동을 나가기도 하면서 다시 한번 힘없는 사람들과 함께하기로 결심했습니다.

재명아, 인권 변호사 되겠다는 거 다시 생각해 봐. 넌 성적이 좋으니까 판사나 검사에 지원해도 될 텐데, 아쉽지 않아?
아니면 짧게라도 판사와 검사를 해 보는 게 어때? 그럼 나중에 인권 변호사로 활동하기에도 훨씬 나을걸?
글쎄….

사실 판검사 자리가 탐나지 않는다면 거짓말이겠지.
나에게 거는 가족들의 기대도 크고… 어쩌면 좋을까?
OO년 OO일
나의 개인적 행복만을
위해 살 것인가.
아니면 세상의 탄압받고
억눌리는 사람들을 위해
나의 행복은 조금
포기할 것인가.

흔들리는 마음을 다잡아 준 건 우연히 듣게 된 인권 변호사 노무현의 특강이었습니다.
여러분! 변호사는 뭘 해도 밥은 안 굶습니다.
겁내지 말고 하고 싶은 일에 도전하세요!

하지만 또 다른 고민이 이재명의 발목을 붙잡았습니다. 인권 변호사가 되기로 결심했지만, 사무실을 열 돈이 없었기 때문입니다.

개업 비용을 마련하기 위해 법률구조공단에 들어가 월급을 받으며 일하기도 했지만 돈은 턱없이 모자랐습니다.

그때 마침 연수원 시절에 알고 지냈던 조영래 변호사가 사정을 알고 연락을 해 왔습니다. 조영래 변호사는 민주주의를 위해 헌신한 대표적인 인권 변호사로, 이재명이 오랫동안 존경해 오던 분이었습니다.

또한 검정고시를 준비하던 시절, 학원비를 받지 않으셨던 성일학원의 김창구 원장 선생님 역시 이재명에게 도움을 줬습니다.

여러 사람들의 도움으로 경기도 성남시에 변호사 사무실을 차린 이재명은 본격적으로 노동자를 비롯한 약자들을 돕는 인권 변호사로 활동하기 시작했습니다.
나는 돈보다는 사람을 위해 일하겠어.
이익을 위해 움직이지 않고 정의를 위해서 움직일 거야.
변호사 이재명
민생변론
처음에는 한적했던 이재명의 사무실은 얼마 안 가 사람들로 북적였습니다. 힘없는 사람들을 위해 무료 상담을 해 준다는 사실이 널리 알려졌기 때문입니다.
진짜로 무료로 상담을 해 준다고?
그렇다니까. 저 변호사님 별명이 약자를 위한 변호사래.

변호사 이재명
이 변호사님 얘기는 많이 들었습니다.
성남 지역의 노동자들을 돕는 데 앞장서신다고요?
하하, 조금이나마 도움이 된다면 다행이지요.
꽉

그래서 말인데…
광주, 여주, 이천 지역도
도와주시면 안 되겠습니까?
광주랑 여주,
이천이요?

네, 제가 그쪽에
노동 상담소를 열려고 하는데,
이 변호사님께서 함께해
주셨으면 좋겠습니다.

끄덕
네, 제 도움이
필요하다면
기꺼이 하겠습니다.

꾸벅
꾸벅
이재명은 더 많은 노동자를 돕기 위해 밤늦게까지
다른 지역을 오가기도 했습니다.

그러던 어느 날….

저희는 성남시에 있는 회사에서 일하는 노동자입니다. 회사가 갑자기 폐업을 해서 직원들이 하루아침에 직장을 잃었어요.

그런데 뭔가 좀 이상한 것 같아서요. 도와주실 수 있을까요?

이재명은 6개월에 걸쳐 이 일에 매달린 끝에 결국 200여 명 노동자 전원 복직과 더불어 체불 임금까지 받아 내는 성과를 거뒀습니다.

얼마 뒤 이재명은 또 다른 사건을 맡게 됩니다.
꾸벅
이 변호사님, 이 친구는 필리핀에서 온 노동자 갈락입니다. 공장에서 일하다 그만 오른팔을 잃었어요.
안녕하세요. 갈락이라고 합니다.

갈락은 불법 체류자 신분이라 산업 재해를 인정받지 못해서 아무런 보상도 받을 수 없습니다.
아니, 보상은커녕 불법 체류자라는 이유로 강제 출국까지 당하게 생겼어요. 뭔가 방법이 없을까요?

남의 일 같지 않아.

전례가 없긴 하지만, 갈락 씨가 산업 재해 요양 승인을 받을 수 있도록 해 보겠습니다.
불끈
감사합니다.

하지만 이재명의 노력에도 결국 산업 재해 요양 승인을 받을 수 없었고, 그사이 갈락은 강제 출국을 당하고 말았습니다.

결국 이재명은 1년이 넘는 노력 끝에 산업 재해 요양 승인을 받아 냈고, 그렇게 얻어 낸 보상금을 갈락에게 보낼 수 있었습니다.

이 무렵 이재명은 자신의 인생에서 가장 중요한 한 사람을 만나게 되었습니다.

마침 이재명의 형수가 좋은 자리를 마련해 주었습니다.

김혜경에게 첫눈에 반한 이재명은 네 번째 데이트 만에 청혼을 했습니다.

이재명의 일기는 김혜경의 마음을 움직였고, 결국 두 사람은 만난 지 7개월 만에 결혼식을 올렸습니다. 이후 김혜경은 이재명의 곁에서 평생의 동반자가 되어 주었습니다.

한편 이재명은 '성남시민모임'에 참여해 활발히 시민운동을 벌이기도 했습니다.

그러던 중 이제까지 만나 보지 못했던 대형 사건과 맞닥뜨리게 되었습니다.
변호사님, 이것 좀 한번 보실래요?
스윽
이게 뭐죠?

흠, 주민들을 위한 상업 시설과 업무 시설이 들어서도록 계획된 땅이 갑자기 아파트를 지을 수 있도록 용도 변경이 추진되고 있네요. 이 모든 일은 소규모 건설업자가 그 땅을 사들인 뒤부터 벌어진 거고요.

맞습니다. 그렇게 되면 그 건설업자가 혼자 수천 억의 이익을 얻게 될 텐데… 상황이 뭔가 의심스럽습니다.

이후 이재명과 성남시민모임은 토지 용도 변경에 반대하는 운동을 벌였습니다.

이 과정에서 회유와 협박을 받기도 했고 유언비어가 퍼지기도 했지만, 이재명은 포기하지 않고 끝까지 싸웠습니다.

결국 이재명의 노력으로 만천하에 진실이 드러났고, 이와 연루된 사람들이 구속되는 성과를 거둘 수 있었습니다.
파크뷰 아파트 특혜 사건과 관련된 인물들이 줄줄이 구속되었습니다.
저 사건 알아? 용도 변경을 허락해 주고 고위 공무원이랑 판검사 등이 특혜 분양을 받았대.
건설업자에게 유리하게 용도 변경을 해 준 대가로 아파트를 받은 거란 말이네.
시민을 위한 땅을 자기들 멋대로 쓰다니!
한편 이재명은 얼마 지나지 않아 다시 한번 사건의 소용돌이에 휘말립니다. 성남에서 시립 병원 건립을 추진하기 위한 운동이 벌어졌는데, 이재명과 성남시민모임이 그 중심이 된 것입니다.
변호사 이재명
소식 들으셨어요? 성남 병원에 이어 인하 병원까지 폐업을 한대요.
그럼 응급 환자들은 어디로 가라는 거죠?
그러니까요! 게다가 이런 위기 상황에 왜 성남시청과 시 의회는 구경만 하고 있는 거죠? 시민들의 목숨이 위험한데 말이에요!
그냥 두고 볼 수는 없겠습니다. 성남시가 나서서 시립 병원을 세우도록 요구합시다!
와!
와!
시립병원 건축
성남시는 시민들의 건강과 안전을 위해 시립 병원을 건립하라!
시립병원을 건립하라!

하지만 추진은 쉽지 않았습니다. 시립 병원을 만들려면 시 의회가 나서서 조례를 제정해야 했는데 예산 타령만 하며 꿈쩍도 하지 않았기 때문입니다. 결국 이재명은 마지막 방법을 꺼내 들었습니다.

이재명과 시민들은 눈보라가 휘날리는 한겨울에 매일같이 야외에서 열심히 뛰며 주민 발의 참여자를 모집했습니다.

그 결과 단 3주 만에 발의자 18,595명을 모아 주민 발의 조례안을 성남시에 접수할 수 있었습니다.
조례 제정을 발의한 주민 1만 8,595명의 서류와 시립 병원 건립을 지지하는 성남 시민 20만 명의 서명입니다.
깜짝
20만 명이요?
시립병원 설립
아니요. 아직은 모릅니다. 조례안이 무사히 상정되도록 여론을 조성하도록 하죠.
이렇게까지 했으니 시에서도 병원 건립에 신경 쓰겠죠?
의료공백 해소! 시립병원 설립!
시립병원 설립 조례제정 촉구!
단식 농성
단식농성 1일
의료공백 해소!
시립병원 설립!
조례제정 촉구!
(오늘의 참가자)
이재명

하지만 이와 같은 노력에도 불구하고 시 의회는 시민들의 의견을 묵살했습니다.
시립 병원 건립 심의를 보류합니다.
두둥!!
뭐?!
말도 안 돼!

게다가 분노한 시민들이 항의하자 이재명과 시민 대표들을 특수공무 집행방해로 고소하기도 했습니다.

시민운동의 한계를 느낀 이재명이 정치를 결심하는 순간이었습니다.

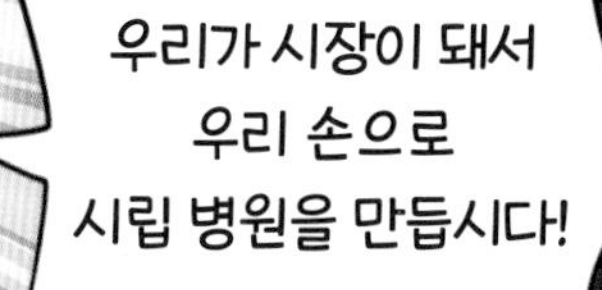

통합 지식 플러스④

약자를 돕는 **인권 변호사**

인권 변호사는 힘없는 사람들의 편에 서서
법을 통해 그들을 도와줘요.
인권 변호사는 물론, 법정에서 활약하는
다양한 사람들을 알아보고,
인권 변호사가 어떻게 약자를 돕는지도
함께 살펴봐요.

하나 검사, 변호사, 판사

드라마에서 배우들이 각자 다른 역할을 맡는 것처럼, 재판이 열리는 법정에서도 검사, 변호사, 판사는 서로 다른 역할을 해요.

먼저 '검사'는 범죄가 일어났을 때 법을 어긴 것으로 보이는 사람을 재판에 넘기는 역할을 해요. 법정에서는 그 사람이 어떤 법을 어겼는지 설명하고, 어떤 처벌을 받아야 할지도 의견을 내지요.

'변호사'는 법적인 문제로 어려움을 겪는 사람을 도와주는 역할을 해요. 법정에서는 그 사람이 자신의 입장을 잘 설명할 수 있도록 돕고, 억울하게 벌을 받지 않도록 변호하지요.

마지막으로 '판사'는 법정에서 최종 결정을 내리는 사람이에요. 변호사와 검사의 이야기를 모두 듣고 증거를 살펴본 뒤 누구의 말이 옳은지, 어떤 처벌을 내릴 것인지 공정하게 판단해요.

검사와 변호사, 판사는 각각 다른 일을 하지만, 모두 법과 정의를 지키기 위해 힘쓰고 있어요.

법정 내부 모습

인권 변호사

변호사 가운데에서도 사람들의 인권을 지키는 데 힘쓰는 사람을 '인권 변호사'라고 해요. 인권은 누구나 태어날 때부터 가지는 기본적인 권리로, 차별받지 않을 권리, 자유롭게 생각을 표현할 권리, 안전하게 살아갈 권리 등이 있어요.

하지만 때로는 가난하거나 사회적으로 약한 위치에 있다는 이유로 이런 권리를 침해당하는 일이 생기기도 해요. 예를 들어 돈이 없어 변호사의 도움을 받지 못해 억울하게 처벌을 받거나, 피부색이나 국적이 다르다는 이유로 차별을 받는 경우가 있지요.

인권 변호사는 바로 이런 사람들의 편에 서서, 법을 통해 빼앗긴 권리를 되찾아 줘요. 또한 잘못된 법이나 제도를 바꾸기 위해 목소리를 내고, 사람들에게 인권의 소중함을 알리는 일도 한답니다.

우리나라 대법원에 있는 정의의 여신상

인권 변호사의 활약

인권 변호사는 다양한 모습으로 우리 사회 곳곳에서 활약하고 있어요. 장애인이나 아동처럼 스스로 권리를 지키기 어려운 사람들을 위해 무료로 법적인 도움을 주는 변호사도 있고, 성 소수자나 난민 등 차별받기 쉬운 사람들을 위해 사회 운동을 벌이는 변호사도 있어요.

어떤 변호사들은 공익 단체를 만들어 큰 사건이나 사고로 피해를 입은 사람들을 돕는 데 앞장서요. 예를 들어 큰 해양 사고로 가족을 잃은 유가족들이 법을 잘 몰라 어려움을 겪을 때 변호사들이 복잡한 법률 문제를 설명해 주고, 법정과 청문회에서도 함께 목소리를 내 주었어요. 이처럼 인권 변호사는 약자의 편에 서서 모두의 권리가 존중받는 세상을 만들기 위해 끊임없이 힘쓰고 있답니다.

5장

새로운 도전

그래, 나를 지지해 주는

시민들이 있잖아.

이대로 포기할 수 없어.

시민운동만으로는 사회를 변화시킬 수 없다고 느낀 이재명은 열린우리당에 들어간 뒤 2006년 성남시장 선거에 출마했습니다.
불끈
제가 시장이 되어 반드시 성남시를 바꾸도록 하겠습니다!
성남 시민 여러분, 저 이재명을 도와주십시오!
어머니, 잘 부탁드립니다. 제가 시장이 되면 시립 병원을 세울 수 있도록 힘쓸게요.
성남시립 병원 건립!
성남시립 병원 건립!
반응이 어떻습니까?
상대 후보에 비해 인지도가 부족한 것은 사실이지만, 토지 용도 변경 사건 때 이 후보님의 활약을 눈여겨봤던 시민들을 중심으로 조금씩 기대감이 나타나는 것 같습니다.
특히 시립 병원 건립에 많은 시민들이 관심을 보이고 있으니 곧 좋은 결과가 있을 겁니다.
끄덕

이재명은 첫 번째 시장 선거에서 최선을 다해 뛰었지만, 결국 세력 차이를 극복하지 못하고 패배하고 말았습니다.

동생 이재옥을 비롯한 이재명의 가족들과, 공장에서 함께 일했던 동료들도 큰 힘이 되어 주었습니다.

그 결과….

이재명은 두 번의 도전 만에 51.16%의 압도적인 득표율을 얻어 드디어 성남시장에 당선되었습니다.

다음 날
시청 건물이 참 크네요.
3,000억이 넘는 돈을 들여 지은 건물입니다. 특히 시장실은 전망이 좋은 9층에 있으며, 전용 엘리베이터를 이용할 수 있습니다.
시장실을 2층으로 옮기도록 하죠. 기존의 시장실은 시민들을 위한 공간으로 만들고요.
네? 그러면 시청이 시민들로 북적일 텐데….
맞습니다. 게다가 시장님과의 면담을 요구하는 시민들을 통제할 수 없을 겁니다.
그게 뭐 어떻습니까? 시청이란 게 본래 시민들을 위해 존재하는 거 아닌가요?
뚜벅
그리고 앞으로 면담을 원하는 시민들이 있다면 언제든 안내해 주세요.
제가 직접 만나 그분들의 이야기를 듣겠습니다.
뚜벅
예? 시장님이 직접요?

이재명은 시장실에 찾아오는 시민들을 직접 만나 그들의 말에 귀 기울이고, 민원을 처리해 주었습니다.

이뿐만 아니라 더 많은 의견을 듣기 위해 시민들과 소통하는 시간을 만들기도 하고,

'SNS 소통관' 제도를 운영해 담당 소통관이 SNS를 통해 실시간으로 민원을 처리해 줄 수 있도록 했습니다.

또한 이재명은 공무원들의 부정부패를 없애는 일을 매우 중요하게 여겼습니다. 언제든 자신에게 직접 익명으로 비리 신고를 할 수 있도록 했고, 신고가 들어오면 즉시 감찰팀을 투입해 철저하게 조사하고 엄한 징계를 내렸습니다.

한편 이재명이 성남시장이 될 무렵, 성남시는 약 7,000억이 넘는 빚을 진 상태였습니다.
이대로라면 재정이 무너지고 말겠어. 얼른 돈을 갚아야 해.
흠...
앞으로 필요 없는 사업과 공사는 모두 없애도록 하겠습니다.
이재명은 성남시에서 벌어지는 여러 가지 사업들을 손보기 시작했고, 시장이 된 첫해에 약 1,000억 이상의 예산을 아낄 수 있었습니다.
시장님, 보도블록이 군데군데 깨졌는데 교체 공사를 준비할까요?
거창하게 교체 공사까지 필요할까요? 폐보도블록을 활용해서 보수해 보는 건 어떨까요?

반면 시민들을 위해서는 돈을 아끼지 않고 사용하기도 했습니다.
네?
기초 생활 수급자 학생들에게 교복을 무상으로 지원하고, 무상 급식을 고등학생까지 늘리도록 하죠.

이러한 노력들을 시민들에게 인정받아, 이재명은 2014년 성남시장 선거에서 첫 당선 때보다 더 높은 득표율인 55.05%로 재선에 성공했습니다.

다시 한번 성남시장으로 일하게 된 이재명은 복지를 더욱 확대해 나갔습니다.
모든 중학교 신입생들에게 무상 교복을 지원하고, 청년들에게는 분기별로 일정 금액을 지역 화폐로 지급하겠습니다. 또 산모들에게는 산후조리비를 지원하겠습니다.
성남시
3대 무상 복지
시행
산후조리지원
청년배당
무상교복
이야, 분기별로 지원금을 받을 수 있다니 너무 좋은데?
띵?
진짜야? 부럽다.
시장님 덕분에 아이 키우는 걱정은 한시름 덜었네요.
네가 복덩이다!
하지만 이러한 이재명의 정책들은 정부의 환영을 받지 못했습니다.
시장님, 큰일 났습니다!
벌컥
?

하지만 정부는 더욱 강력하게 나왔습니다. 지방 자치 단체의 독자적인 복지 사업이나 신규 사업을 금지하고, 지방 간의 형평성을 맞추겠다는 이유로 성남시를 비롯한 여섯 개의 도시에 배정된 예산을 줄이고 다른 지역에 나누어 주겠다고 선언한 것입니다.

* **교부금:** 정부가 지방 자치 단체에 나눠 줘야 하는 돈

힘들고 두렵다.
이렇게까지 하는 게
맞는 것인가?
시장님, 손님이
오셨습니다.
스륵
시장님, 저희는
성남 중앙 상가에서 장사하는
상인들입니다.
시장님을 지지합니다.
조금만 더 힘내 주십시오.
그래, 나를 지지해 주는
시민들이 있잖아.
이대로 포기할 수 없어.
울컥
감사합니다,
정말 감사합니다.

그렇게 단식 농성이 계속되던 날, 결국 이재명이 속한 더불어민주당이 찾아와 단식 중단을 요청했습니다.
우리 당이
책임지고 문제를
해결해 보겠습니다.
알겠습니다.
당을 믿어 보겠습니다.
이렇게 이재명은 단식 11일 만에 광화문을 떠났습니다.
비틀
비틀

그러나 얼마 지나지 않아 이재명은 다시 광화문으로 돌아오게 되었습니다. 박근혜 정부가 헌법을 어긴 사실이 드러났기 때문입니다. 이재명은 앞장서 대통령이 물러날 것을 요구했습니다.

이 일을 계기로 이재명은 점점 시민들에게 주목받기 시작했습니다.
다음 대통령으로는 누가 좋을 거 같아?
음, 이재명 어때? 촛불 시위 때 연설이 마음을 울리더라고.

우리 시장님이 대통령이 되어도 좋을 거 같은데 말이야.
맞아. 일도 잘하지, 실천력도 좋지. 대통령으로 딱인데?

시장님, 이번 대통령 선거에 나가 보시는 건 어떻겠습니까?
멈칫
대통령이요?
성남시장
이 재 명

과연 내가 대통령의 자리에 어울리는 사람일까?

여보….
아, 미안해요. 방에 온 줄도 몰랐네.
스윽

그렇게 이재명은 2017년, 제19대 대통령 선거 출마를 선언했습니다.

통합 지식 플러스⑤

지방 자치와 **풀뿌리 민주주의**

우리나라는 지역 주민들이 직접 선출한 대표를 통해 지방의 행정을 처리하는 '지방 자치 제도'를 실시하고 있어요. 지방 자치가 어떻게 이루어지는지 함께 알아보아요.

하나 지방 자치 제도

우리나라의 일을 중앙 정부가 모두 처리하기에는 어려움이 있어요. 그래서 전국을 여러 개의 행정 구역으로 나누고, 지역 주민이 뽑은 대표들이 스스로 그 지역의 일을 처리하도록 하고 있어요.

주민들은 지방 선거를 통해 지역을 위해 일할 '단체장'과 '지방 의회 의원'을 뽑아요. 단체장에는 행정 구역에 따라 도지사, 시장, 군수, 구청장이 있으며 이들은 지역을 운영하며 주민을 위한 정책을 세우고 실행해요.

'지방 의회 의원'에는 도 의원, 시 의원, 군 의원, 구 의원이 있으며 이들은 지역에서 지켜야 할 규칙인 '조례'를 만들거나 고치고, 예산을 어떻게 쓸지 의논해요. 또 단체장이 일을 잘하고 있는지 감시하는 역할도 해요.

이렇게 지역 주민이 직접 참여해 지역의 문제를 스스로 해결하는 것을 '풀뿌리 민주주의'라고 해요. 여기서 '풀뿌리'는 우리 사회의 가장 기초가 되는 지역 사회를 뜻한답니다.

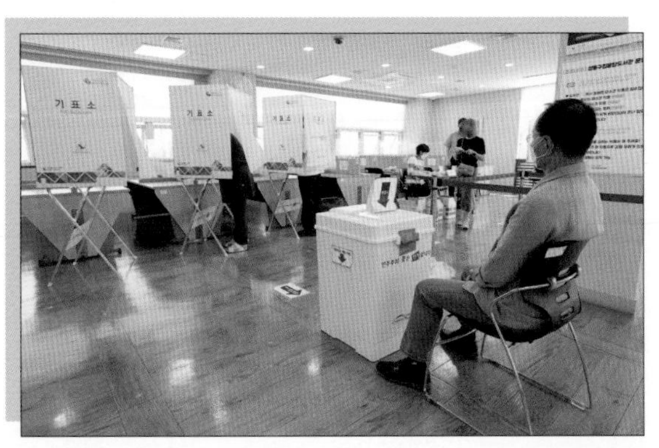

지방 선거 투표소

둘 주민 참여 제도

풀뿌리 민주주의의 핵심은 '주민 참여'예요. 지역의 문

제는 그 지역 주민들과 밀접하게 관련이 있기 때문에 평소에 지역 문제에 관심을 가지고 적극적으로 참여하는 것이 중요하지요. 우리나라에는 이런 주민 참여를 뒷받침하는 다양한 제도들이 마련되어 있어요.

먼저 '주민 참여 예산 제도'가 있는데요. 지역의 예산을 어디에, 얼마만큼 사용할지 결정할 때 주민의 의견을 듣고 반영하는 제도예요.

또 '주민 조례 청구 제도'는 주민들이 조례를 새로 만들거나 고치기 위해 직접 신청할 수 있는 제도예요. 주민이 일정 수 이상의 서명을 받아 신청하면 지방 의회에서 그 내용을 꼭 심의해야 해요.

이 밖에도 지역의 중요한 정책을 주민의 투표로 직접 결정할 수 있는 '주민 투표 제도', 주민의 뜻을 따르지 않거나 책임을 다하지 않는 지역 대표를 물러나게 할 수 있는 '주민 소환 제도'도 있어요.

셋 성남시민모임

풀뿌리 민주주의를 실현하기 위해 힘쓰는 단체가 있어요. 바로 '성남시민모임'이에요. 1995년에 세워진 이 단체는 더 좋은 성남시를 만들기 위해 시민들이 자발적으로 만들었어요. 성남시민모임은 지역 문제를 조사하고 문제를 해결할 수 있는 대안을 마련해 성남시청에 의견을 전달해요. 또 시장이나 시 의원이 일을 잘하고 있는지 살펴보고 있기도 하지요. 2005년부터는 '성남참여자치시민연대'로 이름을 바꾸고 더 폭넓은 활동을 이어가고 있어요.

이처럼 주민들이 지역 사회에 적극적으로 참여할 때, 지방 자치가 올바르게 실현될 수 있답니다.

성남시청 © hyolee2, CC BY-SA 3.0

JAEMYUNG

6강

시련을 딛고 나아가다

국민의 염원을 담아
모두가 살기 좋은,
새로운 대한민국을
만들겠습니다!

2017년 3월 10일, 마침내 박근혜 대통령이 파면되고 본격적인 대통령 선거 경쟁이 시작되었습니다. 이재명이 속한 더불어민주당 내에서도 대통령 후보를 뽑기 위한 경선이 펼쳐졌습니다.

이재명은 열렬한 지지 속에 지지율 1위 문재인 후보와 치열하게 경쟁했습니다. SNS에서 그를 지지하는 '손가락 혁명군'이 큰 힘이 되어 주었지요.
손가락 혁명군

더불어민주당 경선 투표 결과….
둥~
57%의 득표율로 문재인 후보가 더불어민주당 대선 후보에 선출되었습니다!

짝 짝 짝
그러나 투표 결과 이재명은 3위에 그치며 경선에서 탈락하고 말았습니다.

이후 문재인 후보는 대선에서 승리해 제19대 대통령이 되었습니다.
와아~
와~!!

아직은
때가 아닌 거 같군.
그렇다면
내가 할 수 있는 일이 무엇일까?
한 번 더 성남시장에 도전해 볼까?
아니면
경기도지사?
경선 탈락 후 자신의 길을 고민하던 이재명은 이듬해인 2018년 경기도지사에 도전했습니다.
번뜩
그래, 경기도지사에 도전하자.
보다 많은 국민들의 삶을
바꾸어 보는 거야.
하지만 시간이 흐를수록 이재명을 향한 논란과 의혹이 커져 갔습니다.
이 후보님,
사실이 아닌 소문이 퍼지고 있습니다.
언론에서도 앞다투어 이를 부정적으로
보도하고 있고요.
적극적으로 대응을
하는 게 좋을 것 같습니다.
시간이 지나면 점점 더 해명하기
어려워질 겁니다.

덤덤~
괜찮습니다.
언젠가 진실은 밝혀질 겁니다.
우리는 우리 할 일을
하면 됩니다.
믿어 주십시오.
더 나은 경기도를 만들어
보겠습니다.
잘 부탁해요.
도민을 위해
일하겠습니다!
노동자들을 위해서
발 벗고 나섰던
이 후보님을
믿겠습니다!

특권과 반칙이 없는 사회를
만들겠습니다. 그리고
모든 도민이 최소한의 삶을
보장받을 수 있게 하겠습니다!
이제, 이재명
기호 1번
이재명
이재명
파이팅!
저흰 후보님을
믿습니다!

그 결과 2018년 6월 이재명은 56.4%라는 놀라운 득표율로 경기도지사에 당선되었습니다.
도민 여러분, 믿어 주셔서 감사합니다.
와아~!!
이후 이재명은 경기도지사로서 맡은 일을 꿋꿋이 해 나갔습니다.
내가 도민들을 위해 일할 수 있는 시간은 겨우 4년뿐이야. 시간을 낭비할 순 없어.
남들이 뭐라고 하든 난 내가 해야 할 일을 하겠어.

이재명은 성남시장 시절부터 이어 오던 무상 복지 정책을 더 확대하고,
중·고등학생 신입생 모두에게 무상으로 교복을 제공하고, 청년과 산모들에게 지역 화폐로 지원금을 지급할 것입니다!

경기도 내 계곡과 하천 일대를 불법적으로 점유해 온 시설물 수백 곳을 정리해 도민들이 자유롭게 사용할 수 있도록 했습니다.
하하~
깔깔~

이 덕분에 이재명은 2021년 여론 조사 기관이 실시한 '전국 시장, 도지사 직무 수행 평가'에서 1위를 차지했습니다. 무려 도민의 72%로부터 잘하고 있다는 평가를 받았는데, 70%가 넘은 건 이재명이 유일했습니다.

마침내 이러한 인기를 바탕으로 이재명은 제20대 대통령 선거 후보로 나서게 되었습니다.

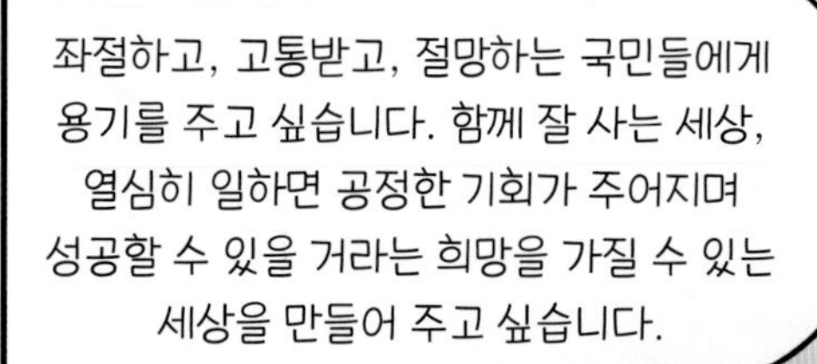

이재명은 국민의힘 윤석열 후보와 치열한 접전을 벌였습니다.
검찰 총장 출신으로서 부정부패 척결과 권력 기관 개혁을 통해 정의로운 사회를 실현하겠습니다.
누굴 뽑지?
이재명이 어렵게 살아 봐서 시민들의 마음을 잘 알 것 같아.
윤석열은 검찰 총장 출신이니 뭔가 다르지 않을까?
하지만 이번 선거에도 진부터 이어져 온 여러 논란과 의혹이 이재명을 따라다녔습니다.
이재명이 비리를 저질렀대.
그건 사실이 아니라고 하던데?
뭐가 진실인 거야?
이거 봐 봐. 이런 논란이 있대.
이게 진짜일까?
결국 이재명은 불과 0.73% 차이로 대통령 선거에서 지고 말았습니다.
국민 여러분, 최선을 다했지만 기대에 부응하지 못했습니다. 모든 것은 다 저의 부족함 때문입니다.
더불어 윤석열 후보님께 축하의 인사를 드립니다. 부디 분열과 갈등을 넘어서 통합과 화합의 시대를 열어 주시기를 간곡히 부탁드립니다.

이재명은 좌절하지 않고 다시 도전했습니다. 그리고 2022년과 2024년 각각 국회 의원과 더불어민주당 대표로 연이어 선출되었고, 2024년 4월에는 국회 의원을 한꺼번에 뽑는 총선에서 당 대표로서 더불어민주당의 압도적인 승리를 이끌었습니다.

하지만 윤석열 정부는 나랏일을 처리하는 데 있어 야당 대표인 이재명의 의견에 귀 기울이지 않았고, 이재명에 대한 검찰 수사와 언론 보도도 계속 이어졌습니다.

종북 세력의 위협으로부터
자유 대한민국을 수호하기 위해
비상계엄을 선포합니다!
두둥!
윤석열 대통령, 비상 계엄 선포
이게 무슨 소리야?
비상계엄이라니?
어디 전쟁이라도
났나? 종북 세력?
아니, 2024년
대한민국에서
이게 지금 말이 돼?
가짜 뉴스
아냐?
뭐, 뭐라고?
비상계엄?
쿵!
한 나라의 대통령이
명확한 이유도 없이
비상계엄을 선포하다니….
이건 헌법을 위반하고
국민의 자유를 침해하는
행동이다. 무슨 수를
써서라도 막아야 해!
지금 당 내
모든 의원들에게 국회로
모이라고 해 주세요.
저도 당장
출발하겠습니다!

국민 여러분, 국회로 모여 주십시오.
윤석열 대통령이 비상계엄을 선포했습니다.
국회 의원들이 국회에 모여서
비상계엄 해제 의결을 해야 하는데,
군대를 동원해서 국회 의원들을
체포할 가능성이 매우 높습니다.
국민 여러분, 지금 국회로 와 주십시오.
늦은 시간이지만 국민 여러분께서
이 나라를 지켜 주셔야 합니다.
저희도 목숨을 바쳐 이 나라 민주주의를
꼭 지켜 내겠습니다.

국민 여러분, 국회로 와 주십시오. 우리의 힘만으로는
부족합니다. 이 나라의 주인이신 국민 여러분께서
나서 주셔야 합니다.
!!!!
당장
국회로 가자!
국민 여러분, 국회로 와 주십시오.
군대가 이 나라를 통치하게
내버려둘 수는 없습니다.
끄덕

국회가 비상계엄 해제 의결을 할 수 있도록,
이 나라 민주주의를 강건하게 지켜 낼 수 있도록,
국민 여러분께서 힘을 보태 주십시오!
윤석열은 물러나라!
독재를 타도하자!
와글
비상계엄을
철회하라!
와글
민주주의를
지키자!
우르르르
물러서지 마!
막아!
와아
와

12월 4일 새벽 1시 1분
국회
땅! 땅! 땅!
투표 결과….
재석 190인 중, 찬성 190인으로
'비상계엄 해제 요구 결의안'이
가결되었음을 선포합니다!
와!
와아!
존경하는 국민 여러분,
비상계엄은 원래부터 무효였고,
국회 의결로 무효임이 다시 한번 확인되었습니다.
우리 국회는 민주 공화국 대한민국을
굳건하게 지켜 나가겠습니다.
국민들의 힘으로 국회는 비상계엄 선포 약 2시간 반 만에
비상계엄을 해제했습니다.
그리고 2025년 4월 4일, 윤석열 대통령은
결국 파면을 당했습니다.
주문, 피청구인
대통령 윤석열을
파면한다.

이 대표님.
지금이야말로 대표님께서
대한민국을 위해
나서야 할 때입니다.
비상계엄으로 인해
혼란에 빠진 국민들을
생각해 주십시오.
알겠습니다.
다시 한번
도전해 보겠습니다.
꽉
2025년 4월, 이재명은 제21대 대통령 선거에 뛰어들었습니다.
다시 뛰는
대한민국
제21대 대통령 후보
재 명
존경하는 국민 여러분,
저는 기득권자들이 좌절시킨
성남 시립 병원 건립이라는
꿈을 이루기 위해
처음 정치에 뛰어들었습니다.
와~!!
그리고 10여 년이 지나
마침내 제가 성남시장이 되어서
제 손으로 병원을 건립했고,
짧은 시간이었지만
경기도민의 부름을 받아
경기도를 바꾸어 냈습니다.

다시 뛰는
대한민국
제 삶을 돌이켜 보면
언제나 기회보다 위기가 많았습니다.
단 한 번의 순탄한 과정도,
단 한 번의 쉬운 싸움도 없었습니다.
그러나 어려울 때마다
우리 국민들께서 상처투성이로
쓰러지던 저를 일으켜 주셨습니다.
진심으로 감사드립니다.
앞으로 저는 가장 낮은 곳에서
국민 여러분을 위해
일하겠습니다.
와!
국민 여러분,
저 이재명을
믿어 주십시오!
와아~!
국민의 염원을 담아
모두가 살기 좋은,
새로운 대한민국을
만들겠습니다!

선거일
6 3(화)
오후8시
대한민국에 꼭 투표하세요!
선거관리위원회
드디어 대한민국의 운명을 결정지을 중요한 날이 밝았습니다!
국민들의 많은 관심을 나타내듯 각 지역 투표소에는 이른 아침부터 많은 유권자들이 소중한 한 표를 행사하기 위해 찾아오고 있습니다.
제21대
오후08시

과연 대한민국의 미래를 짊어질 운명의 주인공은 누가 될까요?
기표소
기표소
투표함

개표가 어느 정도
진행된 가운데, 많은 사람들이
초조하게 결과를
기다리고 있는데요.
두둥~
이제 얼마 뒤면
결과가 나올 거 같습니다.
과연 어느 후보가
대통령의 자리에 오르게 될까요?
조마
조마
드디어 결과가 나왔습니다!
대한민국 제21대 대통령에는
더불어민주당 이재명 후보가
당선되었습니다!
와아!!
와!
와아~!

여기, 철이 들기도 전에 공장으로 향해야 했던 한 소년이 있습니다.

소년은 혹독한 노동 속에서 때론 생명의 위협마저 느껴야 했습니다.

그러나 소년은 어떤 시련에도 포기하지 않고 끝없이 노력했고 결국 꿈을 이루었습니다.

소년은 절대 잊지 않았습니다. 세상엔 아직도 자신의 어린 시절처럼 어렵고 힘든 사람들이 많다는 것을.
이제 한 소년이 만든 기적 같은 여정이 또 다른 시작을 알리고 있습니다. 우리 모두 함께합시다! 대통령 이재명이 만드는 새로운 대한민국을!
와~!
와아아!

JAEMYUNG

“

책을 다 읽은 뒤 내용을 되새기고
생각하는 시간도 필요합니다.
책에 대해 주변 사람들과
함께 이야기 나누면 더욱 좋아요!

”

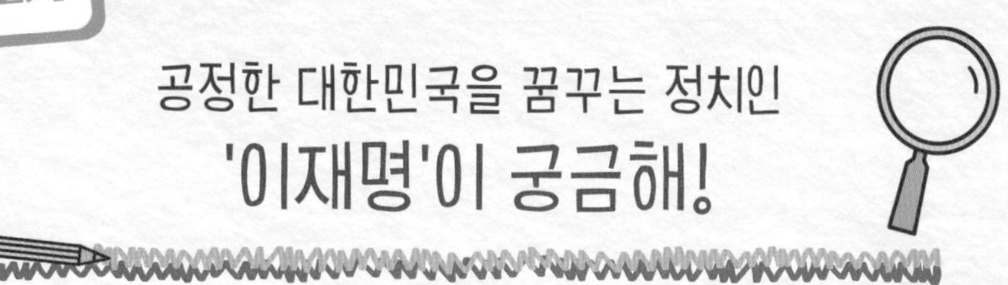

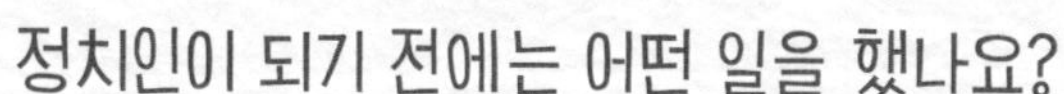

정치인이 되기 전에는 어떤 일을 했나요?

저는 인권 변호사로 일했습니다. 개인의 성공과 사회적 책무 사이에서 남모르게 고민하던 사법 연수원 시절, 인권 변호사로 활동하던 노무현 전 대통령의 강연을 듣게 되었습니다. 사회적 약자를 위해 노력하시던 그분의 진심 어린 말씀이 저를 판사나 검사가 아닌, 인권 변호사의 길로 이끌었습니다. 이후 성남에서 변호사로 활동하며 노동자와 같은 사회적 약자들을 법적으로 돕기 위해 애썼습니다. 또 성남시민모임에서 활동하는 등 시민운동가로도 일했습니다.

정치인이 되기로 결심한 이유는 무엇인가요?

변호사로 일하며 사람들을 돕는 데 한계가 있다고 느꼈기 때문이에요. 각자의 문제를 하나씩 해결하는 것도 중요하지만, 사회의 제도나 법을 바꾸면 더 많은 사람을 도울 수 있겠다는 생각이 들었습니다. 그래서 더 많은 사람이 더 나은 삶을 살 수 있도록 정치인이 되기로 결심했습니다.

정치를 할 때 가장 중요하다고 생각하는 것은 무엇인가요?

모든 사람이 공정하게 기회를 가질 수 있도록 하는 것이 중요하다고 생각합니다. 예를 들어, 달리기를 할 때 누구는 앞에서, 누구는 뒤에서 시작한다면 공정하지 않겠죠? 저는 모든 사람이 같은 출발선에서 시작해, 열심히 노력한 만큼 인정받을 수 있는 사회를 만들고 싶습니다.

공정한 사회를 만들기 위해 어떤 노력을 하셨나요?

정치인으로서 여러 정책을 추진했습니다. 성남시장 때는 청년들에게 분기별로 일정 금액을 지역 화폐로 지급하는 청년 배당 정책을 시행해, 취업난과 경제적 어려움 속에서도 청년들이 최소한의 기회를 가질 수 있게 했습니다. 또 무상 교복, 산후조리 지원과 같은 보편적인 복지 정책을 실시해 누구나 인간다운 삶을 살 수 있는 조건을 마련하고자 했습니다. 그리고 경기도지사 때는 이 정책들을 더 확대해 나갔습니다. 이러한 정책들은 모든 사람이 최소한의 기회와 존엄성을 가질 수 있도록 하는 공정의 가치를 실현하기 위한 것이었습니다.

어린이들에게 해 주고 싶은 말이 있나요?

제가 어려운 환경에서 자라면서 배운 것이 있다면, 포기하지 않는 도전 정신입니다. 아무리 어려운 상황이라도 꿈을 향해 계속 나아간다면 반드시 길이 열릴 거예요. 그리고 주변의 어려움을 겪는 친구들에게 따뜻한 손길을 내밀어 주세요. 우리 사회는 함께 걸어갈 때 더 아름다워집니다. 여러분 모두가 자신의 꿈을 이루면서도 주변 사람을 돌볼 줄 아는 멋진 어른으로 성장하길 바랍니다.

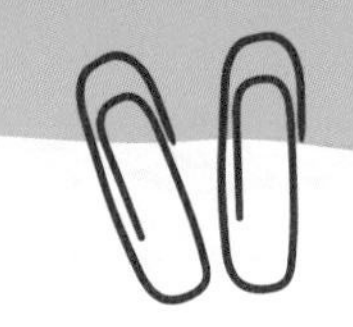

무상 교복 정책 시행 첫해

그림 팀키즈

이재명 연표

- **1963** 경상북도 안동군에서 출생 (출생 신고는 1964년)
- **1970** 삼계국민학교 입학
- **1976** 국민학교 졸업 후 경기도 성남시로 이주, 공장에서 근로 시작
- **1977** 공장에서 일하다 팔 부상을 당함
- **1978** 중졸 검정고시 합격
- **1980** 고졸 검정고시 합격
- **1982** 중앙대학교 법학과 입학
- **1986** 사법 고시 합격, 아버지 별세
- **1987** 사법 연수원 입소
- **1989** 성남시에서 변호사 개업
- **1991** 김혜경과 결혼
- **1995** 성남시민모임 참여
- **2010** 제19대 성남시장 당선
- **2014** 제20대 성남시장 당선
- **2016** 3대 무상 복지 정책 전면 시행
- **2018** 제35대 경기도지사 당선
- **2020** 재난 기본 소득 지급 발표
- **2022** 제20대 대통령 선거 출마, 제21대 국회 의원 당선, 더불어민주당 대표 선출
- **2024** 제22대 국회 의원 당선, 더불어민주당 대표 연임
- **2025** 제21대 대통령 당선

이재명의 정치 철학

나의 어린 시절처럼 약한 자를 돕겠다.
검은 그림자 속에서 고생하는
어두운 사람들에게 빛이 되어 보겠다.

중앙대학교 법학과에 합격한 뒤 일기장에 쓴 말이에요. 변호사가 되어 자신의 어린 시절처럼 힘없는 사람들을 돕겠다는 의지가 잘 드러나 있어요.

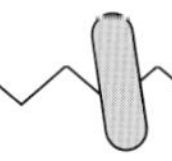

나의 개인적 행복만을 위해 살 것인가.
아니면 세상의 탄압받고 억눌리는 사람들을
위해 나의 행복을 조금 포기할 것인가.

사법 연수원을 졸업하기 전 일기장에 쓴 말이에요. 힘없는 사람들을 돕기 위해 변호사가 되어야겠다고 마음먹었지만, 판검사가 욕심이 나기도 했던 이재명이 고민이 담겨 있어요.

제가 정치를 하는 이유는
제가 탈출해 버렸던 그 웅덩이 속에서
여전히 좌절하고 고통받고
절망하는 사람들에게
공정한 세상을 만들어 주기 위해서입니다.

2021년, 제20대 대통령 선거 유세 당시 했던 말이에요. 누구에게나 공정한 기회가 주어지는 세상을 만들고자 하는 이재명의 신념이 잘 드러나 있어요.

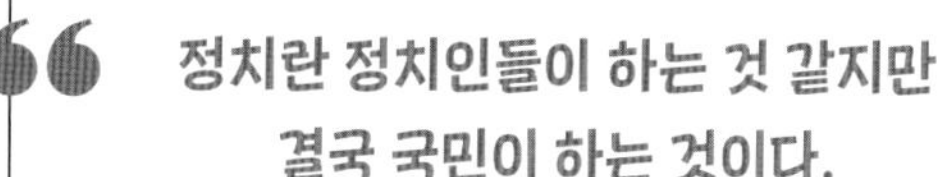

정치란 정치인들이 하는 것 같지만
결국 국민이 하는 것이다.

2024년, 더불어민주당 신년 인사회에서 한 말이에요. 국민이 곧 나라의 주인이며, 국민을 위한 정치를 하겠다는 이재명의 정치 철학이 담겨 있어요.

포기하지 않는 나를 그려요

이재명은 어린 시절 가난 때문에 학교 대신 공장으로 향해야 했어요. 하지만 포기하지 않고 열심히 공부해 검정고시에 합격하고, 장학생으로 대학교에 입학하지요.
이재명처럼 어려운 상황 속에서도 내가 포기하지 않고 해낸 일을 떠올려 볼까요?

내가 포기하지 않고 해낸 일은 무엇인가요?

그 일이 어려웠던 이유는 무엇인가요?

그 일을 해내기 위해 나는 어떤 노력을 했나요?

그 일을 해낸 후의 나의 모습을 자유롭게 그려 보세요.

작은 도움, 큰 변화

"법은 약자의 편에 있어야 한다."는 이재명의 말처럼, 우리 주변에는 도움이 필요한 사람들이 있어요. 나의 작은 관심과 실천이 누군가에게는 큰 힘이 될 수 있답니다. 주변을 잘 살펴보고 도움이 필요한 사람이 있다면 그 사람을 도울 수 있는 작은 프로젝트를 만들어 실천해 보세요.

- 프로젝트 계획서 -

프로젝트 이름

____

도움이 필요할 것 같은 대상

____

도움이 필요한 이유

____

구체적인 실천 계획

1. ______________________

2. ______________________

3. ______________________

- 프로젝트 실행 일지 -

프로젝트 실행 날짜

~

실천한 내용

도움을 받은 대상의 반응이나 변화

느낀 점

만약 내가 시장이라면?

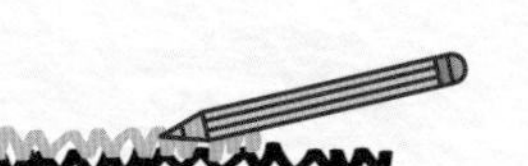

성남시장이 된 이재명은 '무상 교복', '청년 배당', '산후조리 지원' 같은 정책을 펼쳤어요. 만약 여러분이 시장이 된다면 어떤 정책을 펼치고 싶은지 생각해 보세요. 또 그렇게 생각한 이유도 함께 써 보세요.

내가 시장이 되어 펼치고 싶은 첫 번째 정책은?

- 정책 이름 ______________________________
- 정책 내용 ______________________________

____

그 정책을 펼치고 싶은 이유는?

____

____

____

나의 정책이 우리 지역에 어떤 변화를 가져올까요?

____

____

____

내가 시장이 되어 펼치고 싶은 두 번째 정책은?

- 정책 이름 ______________________
- 정책 내용 ______________________

____

그 정책을 펼치고 싶은 이유는?

____

____

____

나의 정책이 우리 지역에 어떤 변화를 가져올까요?

____

____

____

나만의 선거 포스터를 만들어 보아요!

선거 기간에 벽이나 전봇대, 버스 정류장 등에서 후보자 얼굴이 크게 나온 선거 포스터를 본 적이 있을 거예요. 선거 포스터는 후보자가 자신을 알리기 위해 만든 광고라고 할 수 있어요. 사람들은 포스터를 보고 누가 후보인지, 어떤 공약을 내세우는지 알 수 있지요. 여러분이 전교 회장 선거에 나간다고 상상하며, 나만의 선거 포스터를 만들어 보세요.

선거 구호

____

____

나의 3가지 약속

1. ______________________________

2. ______________________________

3. ______________________________

나를 뽑아야 하는 이유

____

____

____

선거 포스터를 자유롭게 꾸며 보세요.

대통령 SNS 꾸미기

이재명은 SNS를 활용해 국민들과 직접 소통하고, 자신의 정책이나 정치 철학을 적극적으로 알리고 있어요. 여러분이 대통령이 되었다고 상상하며, 자신의 생각을 SNS 게시물로 표현해 보세요.

대한민국 대통령
president_of_korea

OOO님 외 여러 명이 좋아합니다

president_of_korea ______________________________

____

____

____

#대한민국 #대통령 #소통 #정책 #국민

이재명 대통령에게 하고 싶은 말이나 바라는 점을 담아 자유롭게 편지를 써 보세요.

이재명 대통령님께.

이재명

초판 1쇄 인쇄 2025년 6월 5일
초판 1쇄 발행 2025년 6월 10일

글 비타민 **그림** 팀키즈 **표지화** 신춘성

펴낸이 김선식
펴낸곳 다산북스

부사장 김은영
어린이사업부총괄이사 이유남
책임편집 류지형 **디자인** 김은지 **책임마케터** 안호성
어린이콘텐츠사업1팀장 박정민 **어린이콘텐츠사업1팀** 김은지 박세미 강푸른 류지형
어린이마케팅본부장 최민용 **어린이마케팅1팀** 안호성 이예주 김희연 **기획마케팅팀** 류승은 박상준
편집관리팀 조세현 김호주 백설희 **저작권팀** 성민경 이슬 윤제희
재무관리팀 하미선 임혜정 이슬기 김주영 오지수
인사총무팀 강미숙 이정환 김혜진 황종원
제작관리팀 이소현 김소영 김진경 이지우 황인우
물류관리팀 김형기 김선진 주정훈 양문현 채원석 박재연 이준희 이민운

출판등록 2005년 12월 23일 제313-2005-00277호
주소 경기도 파주시 회동길 490
전화 02-704-1724 **팩스** 02-703-2219
다산어린이 카페 cafe.naver.com/dasankids **다산어린이 블로그** blog.naver.com/stdasan

종이 스마일몬스터 **인쇄 및 제본** 상지사 **코팅 및 후가공** 제이오엘앤피

ISBN 979-11-306-6800-0 14990

• 이 책에 실린 사진의 출처는 셔터스톡, 위키피디아, 연합뉴스 등입니다.

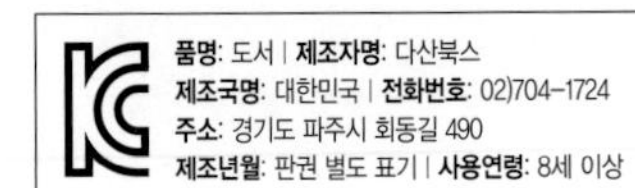

※ KC마크는 이 제품이 공통안전기준에 적합하였음을 의미합니다

who? 한국사

초등 역사 공부의 첫 단추! '인물'을 알아야 시대가 보인다

● 선사·삼국 ● 남북국 ● 고려 ● 조선

01 단군·주몽
02 혁거세·온조
03 근초고왕
04 광개토 대왕
05 진흥왕
06 의자왕·계백
07 연개소문
08 김유신
09 대조영
10 원효·의상
11 장보고
12 최치원
13 견훤·궁예
14 왕건
15 서희·강감찬
16 묘청·김부식
17 의천·지눌
18 최충헌
19 공민왕
20 정몽주
21 이성계·이방원
22 정도전
23 세종 대왕
24 김종서·세조
25 조광조
26 이황·이이
27 신사임당·허난설헌
28 이순신
29 광해군
30 김홍도·신윤복
31 정조
32 김만덕·임상옥
33 정여립·홍경래
34 박지원
35 정약용
36 최제우·최시형
37 김정호·지석영
38 전봉준
39 김옥균
40 흥선 대원군·명성 황후
41 허준
42 선덕 여왕
43 윤봉길
44 안중근
45 유관순
46 을지문덕
47 홍범도

※ who? 한국사(전 47권) | 대상 초등학교 전 학년 | 책 크기 188×255 | 각 권 페이지 190쪽 내외

who? 인물 중국사

인물로 배우는 최고의 역사 이야기

01 문왕·무왕
02 강태공·관중
03 공자·맹자
04 노자·장자
05 한비자·진시황
06 유방·항우
07 한 무제·사마천
08 조조·유비
09 제갈량·사마의
10 왕희지·도연명
11 당 태종·측천무후
12 현장 법사
13 이백·두보
14 왕안석·소동파
15 주희·왕양명
16 칭기즈 칸
17 주원장·영락제
18 정화
19 강희제·건륭제
20 임칙서·홍수전
21 증국번·호설암
22 서 태후·이홍장
23 캉유웨이·위안스카이
24 쑨원
25 루쉰
26 장제스·쑹칭링
27 마오쩌둥
28 저우언라이
29 덩샤오핑
30 시진핑

※ who? 인물 중국사(전 30권) | 대상 초등학교 전 학년 | 책 크기 188×255 | 각 권 페이지 190쪽 내외

who? 아티스트

최고의 명작을 탄생시킨 아티스트들을 만나다

● 문화·예술·언론·스포츠

01 조앤 롤링
02 빈센트 반 고흐
03 월트 디즈니
04 레오나르도 다빈치
05 오프라 윈프리
06 마이클 잭슨
07 코코 샤넬
08 스티븐 스필버그
09 루트비히 판 베토벤
10 안토니 가우디
11 김연아
12 오드리 헵번
13 찰리 채플린
14 펠레
15 레프 톨스토이
16 버지니아 울프
17 마이클 조던
18 정명훈
19 한스 크리스티안 안데르센
20 미야자키 하야오
21 강수진
22 마크 트웨인
23 리오넬 메시
24 이사도라 덩컨
25 앤디 워홀
26 백남준
27 마일스 데이비스
28 안도 다다오
29 조지프 퓰리처
30 프리다 칼로
31 우사인 볼트
32 조성진
33 마리아 칼라스
34 오귀스트 로댕
35 오리아나 팔라치
36 프레데리크 쇼팽
37 시몬 드 보부아르
38 존 레넌
39 밥 말리
40 파블로 피카소

※ who? 아티스트(전 40권) | 대상 초등학교 전 학년 | 책 크기 188×255 | 각 권 페이지 190쪽 내외